Llyfr Lliwio Cadi

Bethan Gwanas

Lluniau Janet Samuel

y olfa

I Anna Gwen.

Helô!

Os wnaethoch chi fwynhau darllen llyfrau Cadi, gobeithio y byddwch chi'n mwynhau lliwio'r lluniau hefyd!

Mae'r arlunydd, Janet Samuel, wedi bod yn brysur yn paratoi'r lluniau i chi, ac wedi creu rhai lluniau newydd sbon. Allwch chi ddweud pa rai sy'n newydd?

Ond mae yma fwy na dim ond lliwio: mae 'na bos neu ddau i chi hefyd.

Does dim rhaid i chi ddefnyddio'r un lliwiau a oedd yn y llyfrau, cofiwch; mae croeso i chi ddefnyddio unrhyw liwiau dan haul.

Mwynhewch!

Bethan Gwanas x

Cyfres Cadi:
Coeden Cadi
Cadi dan y dŵr
Cadi a'r deinosoriaid
Cadi a'r Celtiaid
Llyfrau clawr caled **£5.99**.

Argraffiad cyntaf: 2020

Diolch i The Bright Group International Limited.

Dymuna'r cyhoeddwyr gydnabod cymorth ariannol Cyngor Llyfrau Cymru.

Rhif llyfr rhyngwladol: 978 1 78461 860 5

Cyhoeddwyd ac argraffwyd yng Nghymru
gan Y Lolfa Cyf., Talybont, Ceredigion, SY24 5HE
e-bost: ylolfa@ylolfa.com
y we: www.ylolfa.com
ffôn: 01970 832304
ffacs: 01970 832782

Dyma deulu Cadi. Wyt ti'n cofio enw ei brawd bach?

Byddai Cadi a'r goeden yn siglo'n ôl a mlaen, i'r chwith a'r dde, i'r chwith a'r dde, fel pendil hen gloc Taid.

Roedd hi wedi taro i mewn i rywun rhyfedd...
mewn dillad a het werdd... ac roedd yn cario pot o baent pinc.
Wyt ti'n cofio ei enw?

Mae'n rhaid i bob pluen fod yn wahanol, cofia.

Beth sy'n wahanol?

Wiiii! Mae Cadi'n llithro i lawr yr enfys.
Bydd yn ofalus, Cadi!

Gad i dy ddychymyg a dy liwiau fynd
yn rhemp efo'r goeden hud hon!

Diwrnod braf ar lan y môr.
Wyt ti'n cofio pa liw ydi lori fach Mabon?

“Mabon! Ti ydi’r poen mwya yn y byd i gyd!” meddai Cadi gan daflu ei thwbyn iogwrt...

Cadi a Mabli'r fôr-forwyn.
Pwyntia at: 1. Cranc. 2. Cimwch. 3. Morlo.

Dyma balas y Brenin Neifion.
Cofiwch liwio Ifan y Crwban, druan, yn ofalus iawn.

Cleciodd pob cranc a chimwch eu crafangau yn swnllyd arni.
Mae golwg flin ar y Brenin...

O na! Mae Morlais y Morgi Mawr
Gwyn yn gallu bod yn beryglus!

Wedi stwffio'i hun gyda'r wyau pysgod, chwythodd Gwilym i fyny'n belen fach gron fel y pysgod pwff o'i gwmpas!

Helpwch Cadi i ddod o hyd i'r botel blastig cyn i'w ffrindiau gael niwed!

"Wrth gwrs bod gen i enw!"
meddai'r Braciosawrws. "Bob."

Sawl deinosor allwch chi weld?

“Pa ddeinosor wnaeth ddodwy’r rhain?” meddai Cadi.
Yn sydyn, clywodd sŵn CRRRAAAC!

"Ooo, babi deinosor!" meddai Cadi.
Ond pa fath o ddeinosor?

Mae Taran y Tyranosor yn edrych yn flin.
Ydi o'n mynd i ddod o hyd i Cadi?

O, na! Be sy'n mynd i ddigwydd i Cadi a Ceco y Geco?

Labelwch y Titanosawrws

Coluddyn bach Oesoffagws

Rectwm Calon

Coluddyn mawr Stumog

Cerrig

Yn y llyfr, mae gan Cadi a Mabon farciau glas ar eu hwynebau. Pam?

Maen nhw'n ceisio codi pabell ar eu gwyliau ar Ynys Môn.
Un goch ydi hi yn y llyfr, ond gewch chi ddewis unrhyw
liw yn y byd.

Dyma Cadi wedi cyrraedd Byd y Celtiaid.
Wyt ti'n cofio ym mha ran o Gymru mae Bryn Celli Ddu?

Allwch chi ddod o hyd i'r holl eiriau yn y pos?

o	d	i	a	i	t	l	e	c
l	l	e	g	s	i	r	t	m
g	w	a	y	w	f	f	o	n
a	n	c	d	n	i	l	h	o
f	r	p	o	d	u	t	c	m
r	a	t	a	r	i	a	n	s
b	e	c	w	b	e	n	u	y
s	a	h	t	y	c	r	w	n
c	h	f	m	i	g	s	b	y

Cadi haearn Celtiaid gafr trisgell

tŷ crwn gwaywffon Ynys Môn tarian tân

“Nid ein pobl ni ydyn nhw!” sibrydodd Cai.
“Mae pobl yn gwisgo paent glas pan maen nhw’n mynd i ymladd.”

“Rhedwch!”

CONCISE CANCER MANUAL

Dr Prashant R Rao

MBBS, MS, DNB, MNAMS, FMAS, FIAGES,
DNB-Surgical Gastroenterology Resident
PVS Memorial Hospital, Kochi

Dr. Sarika Mayekar Rao

MBBS, MS,
MCh-Plastic & Reconstructive Surgery Resident
Seth GS Medical College & KEM Hospital, Mumbai

BHALANI Publishers

CBS

CBS PUBLISHERS & DISTRIBUTORS PVT. LTD.

First Edition : 2018

ISBN No. : 978-93-83794-02-7

PUBLISHED BY :
Rajesh Bhalani for
BHALANI PUBLISHERS
A-1, Amrita Sadan, Plot No. 13/14, Sector - 22, Opp. Terna Hospital,
Nerul (W), Navi Mumbai - 400706. Mob: 09867214519
✉: bhalanipublishers@gmail.com

Satish Kumar Jain for
CBS PUBLISHERS & DISTRIBUTORS PVT. LTD.
4819/XI Prahlad Street, 24 Ansari Road, Daryaganj,
New Delhi - 110002, India.
Ph.: 011-23289259, 23266861/67 Fax: 23243014
✉: delhi@cbspd.com/cbspubs@airtelmail.in
Website: www.cbspd.com

Corporate Office: 204 FIE, Industrial Area, Patparganj, Delhi - 110092
Ph.: 49344934, Fax: 49344935
✉: publishing@cbspd.com

PRINTED & BOUND BY :

ASHISH ARTS - Mumbai.
✉: bharat.ashisharts@gmail.com